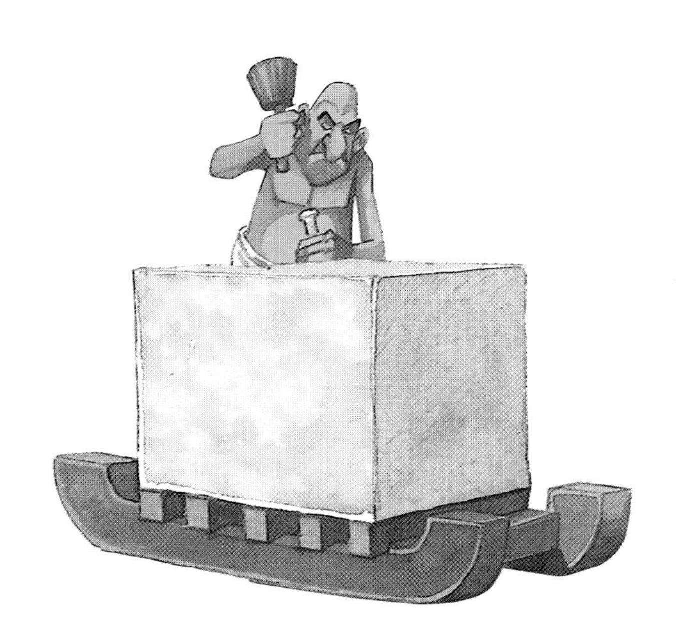

Título original del libro
You Wouldn´t Want to Be a Pyramid Builder!

Nombre original de la colección
You Wouldn´t Want to Be!

Autora
Jacqueline Morley estudió inglés en la Universidad de Oxford. Ha enseñado inglés e historia, y muestra gran interés por la historia de la vida diaria. Es autora de numerosos libros infantiles, los cuales incluyen varios premios.

Ilustrador
David Antram nació en Brighton, Inglaterra, en 1958. Estudió en Eastbourne College of Art y trabajó en publicidad durante quince años, antes de ser artista de tiempo completo. Ha ilustrado innumerables libros de no-ficción para niños.

Creador de la serie
David Salariya nació en Dundee, Escocia. Ha ilustrado una amplia variedad de libros y ha creado y diseñado incontables series nuevas para editoriales del Reino Unido y otros países. En 1989, fundó la Salariya Book Company. Ahora vive en Brighton con su esposa, la ilustradora Shirley Willis, y su hijo Jonathan.

Edición en inglés
Karen Barker Smith

Asistente del editor
Michael Ford

Morley, Jacqueline
¡No te gustaría ser un constructor de pirámides! / Jacqueline Morley ; ilustrado por David Antram. -- Bogotá : Panamericana Editorial, 2005.
32 p. : il. ; 24 cm -- (No te gustaría ser)
Incluye glosario.
ISBN 958-30-1688-8
1. Arte egipcio – Literatura juvenil 2. Arte egipcio – Historia – Literatura juvenil 3. Egipto – Antigüedades – Literatura juvenil 4. Civilización egipcia – Literatura juvenil 5. Faraones – Literatura – juvenil 6.Arquitectura egipcia – Literatura juvenil 7. Pirámides – Egipto – Literatura juvenil I. Antram, David, il.II. Tít. III. Serie.
I709.32 cd 19 ed.
AJB1584

CEP-Banco de la República-Biblioteca Luis Ángel Arango

Editor
Panamericana Editorial Ltda.

Edición en español
Mónica Montes Ferrando

Traducción
Diana Esperanza Gómez

Primera edición, The Salariya Book Company Ltd., 2004
Primera edición en Panamericana Editorial Ltda., abril de 2005

Calle 12 No. 34-20. Tels.: 3603077 - 2770100. Fax: (57 1) 2373805
Correo electrónico: panaedit@panamericanaeditorial.com
www.panamericanaeditorial.com Bogotá D.C., Colombia

ISBN 958-30-1688-8

Impreso por Panamericana Formas e Impresos S.A.
Calle 65 No. 95-28, Tels.: 4300355, Fax: (57 1) 2763008
Quien sólo actúa como impresor.

Impreso en Colombia Printed in Colombia

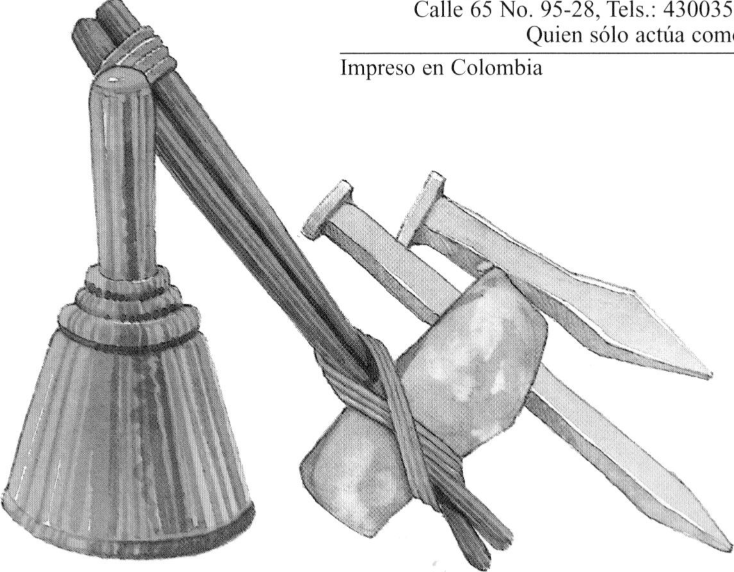

¡No te gustaría ser un constructor de pirámides!

Escrito por
Jacqueline Morley

Ilustrado por
David Antram

Creado y diseñado por
David Salariya

Contenido

Introducción

Vives en Egipto alrededor del año 1500 a. C. ¡Eres muy afortunado! Mientras otras naciones luchan por sobrevivir, Egipto es diferente; eso es lo que su gente cree. Cada año, como por arte de magia, el río Nilo se desborda, cubre el desierto e inunda el suelo fértil de su ribera. Sin él, nada crecería y la gente moriría de hambre. Los egipcios creen que los dioses los cuidan porque sus gobernantes, los faraones, son dioses. Cuando un faraón muere, debe ir a reunirse con Ra, el dios del Sol, y viajar por el cielo en su barca. Para asegurar su vida eterna, el cuerpo del faraón no debe descomponerse. Por esto, cada faraón reúne a gente en la construcción de su tumba gigante –una pirámide–, la cual conservará su cuerpo por toda la eternidad. Miles de egipcios son forzados a trabajar en ella, incluyéndote a ti.

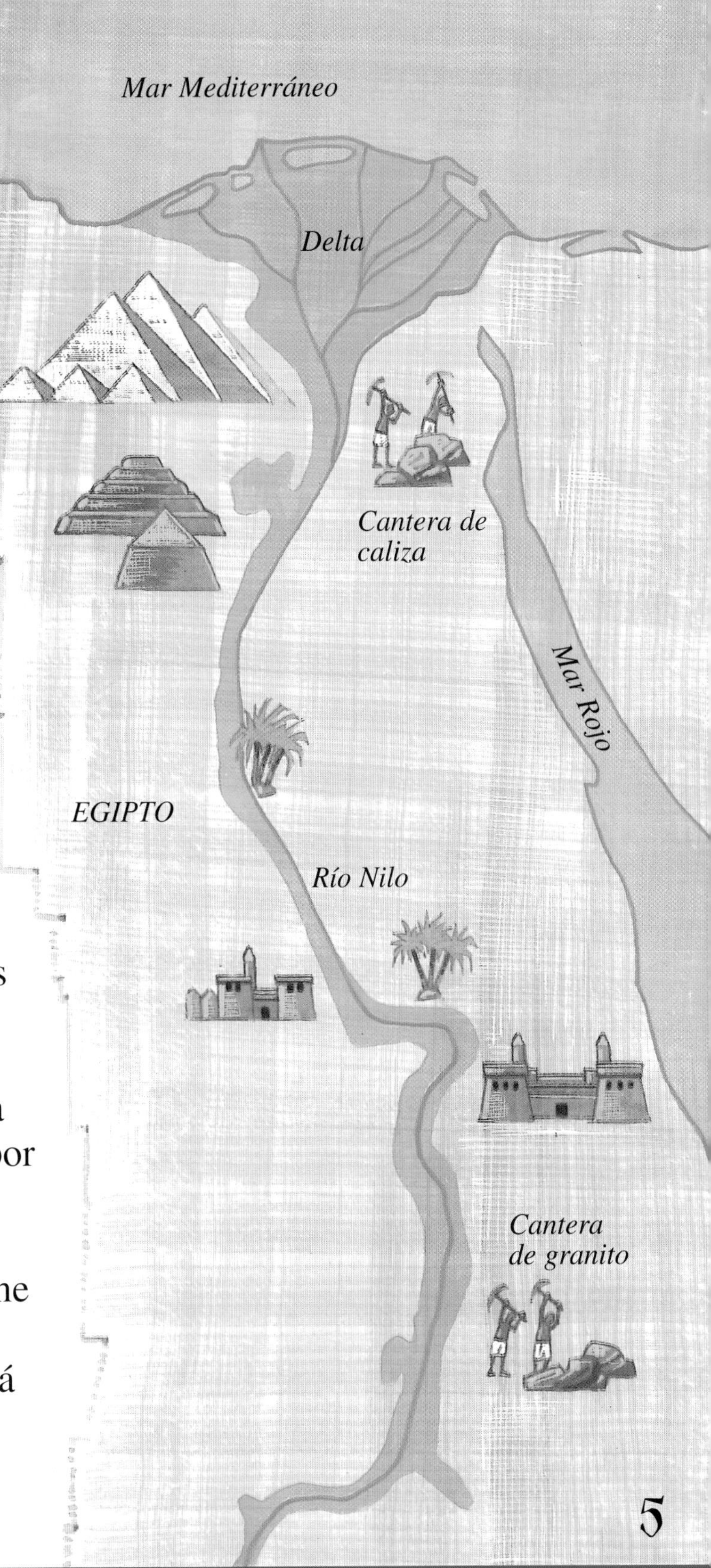

A conseguir el sustento

TUS BIENES. No posees muchos: tal vez un cerdo, una cabra y algunos gansos. Tus muebles se limitan a unos cuantos taburetes, cajas y jarrones de almacenamiento y duermes en el piso sobre una estera.

Algunos habitantes de Egipto son muy acaudalados –el faraón y su corte, los funcionarios de alto rango y los terratenientes–, pero la mayoría son muy pobres. Unos se ganan el sustento fabricando cosas para vender; otros, deben trabajar la tierra. Como eres un egipcio común, trabajas en los cultivos de un terrateniente y a cambio él te concede un trozo de su tierra para que cultives algunos productos y puedas mantener a tu familia.

Trabajas muy fuerte para él y para ti.

EL LUGAR DONDE VIVES. Tu casa es pequeña y está construida con adobe.La azotea le da otro espacio a tu familia para vivir.

Durante ocho meses debes trabajar fuertemente arando, sembrando, desyerbando, regando (rara vez llueve) y cosechando. Luego viene la crecida del río Nilo. El resto del año no puedes cultivar porque la tierra está anegada. Si crees que tendrás un descanso, ¡piénsalo de nuevo!

Consejo práctico
No construyas tu casa sobre tierras bajas, durante la crecida se inundará.

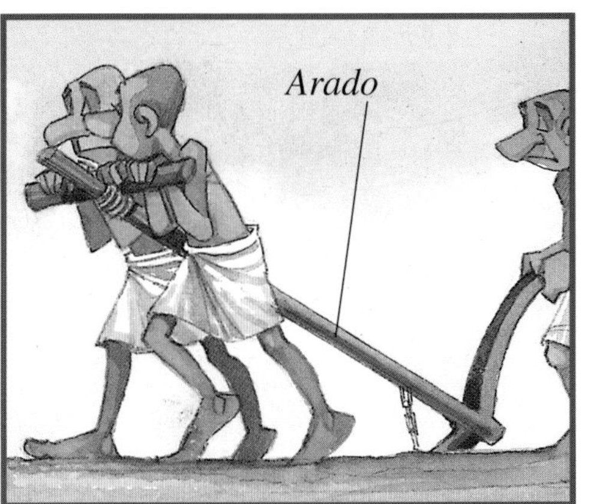

TRABAJO EN TU CULTIVO. Si eres muy pobre y no tienes un buey, tu familia y tú tendrán que empujar el arado (izquierda).

Si eres realmente pobre y ni siquiera tienes un arado, tendrás que arar tu tierra con un azadón (derecha).

Funcionarios, funcionarios

El faraón es todopoderoso, los egipcios creen que es un dios. Su gobierno es muy eficiente, y se asegura siempre de hacer cumplir sus órdenes a lo largo del territorio. Los funcionarios mantienen registros de la gente que vive allí, de dónde vienen, y cuán ricos son. Ellos revisan cada año que las cifras sean correctas y luego deciden el impuesto que cada uno de los habitantes debe pagarle al faraón. Como los egipcios de la antigüedad no han inventado el dinero, el impuesto se recolecta entregando lo producido o trabajando en proyectos oficiales. El mayor proyecto es la pirámide del faraón, la cual toma varios años antes de ser terminada. Como hay muchos cultivadores en receso durante la época de las crecidas, es muy fácil encontrar trabajadores para el faraón. Los funcionarios son enviados a las villas a reclutar gente como tú.

EL ANILLO DEL FARAÓN es su sello oficial usado para sellar documentos que contienen sus órdenes.

Anillo del faraón

Debes enfrentarte con:

IMPUESTOS. Al inicio de cada estación, los funcionarios determinan tus impuestos midiendo el área que corresponde a cada cultivo durante el año.

PROBLEMAS. Si tu cultivo ha sido pobre durante el año, o si algún ganado irrumpió en tu terreno y se lo comió, debes, igualmente, pagar la cantidad establecida.

REPARACIONES. Antes de la crecida, los oficiales te obligan a reparar los canales que almacenan las preciosas aguas del Nilo, para poder utilizarlas durante el año.

Nunca discutas con los inspectores de impuestos. Ellos siempre tendrán un modo para demostrarte que estás equivocado.
Consejo práctico
El siguiente para trabajar en la pirámide es...
Tal vez puedan llevarse el niño a cambio.

Transporte de rocas pesadas

Ahora eres uno de los 4.000 trabajadores que construirán la pirámide que tomará 20 años en estar lista. Como trabajador sin preparación, tendrás que transportar bloques de piedra desde la cantera, donde se cortan, hasta donde los albañiles esperan para ubicarlos. Aparte de la cámara funeraria del faraón y una galería en la entrada, la pirámide está hecha de piedra firme y requiere más de dos millones de bloques. Los hombres, en cuadrillas de 20, deben subir los bloques cada vez más alto, en cuanto la pirámide crece. Alrededor de 35 cuadrillas deben llevar un bloque cada dos minutos, y hay supervisores. Trabajas desde el amanecer hasta el anochecer, duermes en cuarteles amontonado con mucha gente y sólo tienes un día de descanso por cada diez de trabajo.

LAS ESTATUAS GIGANTES del faraón, colocadas a la entrada del templo lo adornarán en su honor. Se necesitan ciento setenta y dos hombres para arrastrar cada una de ellas.

UN OJO ATENTO. El faraón inspecciona la primera fase de la construcción. Es esencial que la enorme base de la pirámide sea completamente cuadrada y esté nivelada.

EL TRANSPORTE ES UN PROBLEMA. Los egipcios de la antigüedad no han inventado los vehículos de ruedas; utilizan trineos para transportar objetos muy pesados. Instalan pistas temporales de troncos para deslizar fácilmente la carga sobre el piso.

Consejo práctico
Tu trineo se moverá fácilmente si la pista de troncos la cubres con barro y la riegas con agua para mantenerla deslizante.
¡HALEN!
Bloque de piedra
Trineo

En esta fase de construcción, los costados de la pirámide son muy inclinados. Es difícil subir las rocas por ahí, y por eso se construye una rampa temporal. No se sabe exactamente cómo era la rampa, pero hay dos posibilidades (derecha).

Las rampas temporales se construyen alrededor de la pirámide.

Enviado a las canteras

Si eres hábil con el mazo y el cincel, probablemente trabajes en las canteras. De las más cercanas al sitio se tomarán las piedras para el centro de la pirámide; la utilizada para la superficie viene de las canteras al este del río. Si te envían allí, trabajarás bajo tierra porque ahí se encuentra la mejor piedra caliza. Primero, separas los bloques por la parte superior y los lados; y luego, cortas su base empujándolos con palancas largas de madera. Es un trabajo muy duro para la espalda, pero no tan rudo como el que se realiza en las calurosas canteras de granito en el lejano sur de Egipto, donde debes trabajar al sol cortando rocas, muy duras, con un trozo de piedra.

LO PEOR. El granito, utilizado para el trabajo decorativo, es muy duro. Requiere muchas horas de esfuerzo para hacerle una marca. Debes recortarlo con la punta de un trozo pesado de dolerita, una piedra aún más pesada que pierde su punta en esta acción.

TUS HERRAMIENTAS incluyen un mazo de madera, un martillo con cabeza de piedra, y cinceles de cobre (los egipcios de la antigüedad no han inventado el trabajo con hierro).

Dolerita
Consejo práctico
Para cortar la piedra con cobre, derrama lechada arenosa en la superficie que vas a cortar. El cuarzo de la arena permite el corte y la cuchilla aplica la presión.
¡A la cúspide de la pirámide!
¡AY!

Albañiles trabajando

En la cúspide de la rampa hay grupos de albañiles que colocan las piedras en su sitio. Este trabajo requiere especialización, y si tú eres uno de estos trabajadores no serás un esclavo, sino un empleado de tiempo completo. Al recibir cada bloque, se revisa que el tamaño sea adecuado, que encaje en su posición y se ajusta con rodillos de madera. Los albañiles deben realizar este trabajo rápidamente, o empezarán a acumularse los bloques que van llegando. Cuando el último bloque, la cúspide, está en su sitio, la rampa es demolida de arriba abajo. Luego los bordes de cada capa se pulen para que la inclinación sea continua.

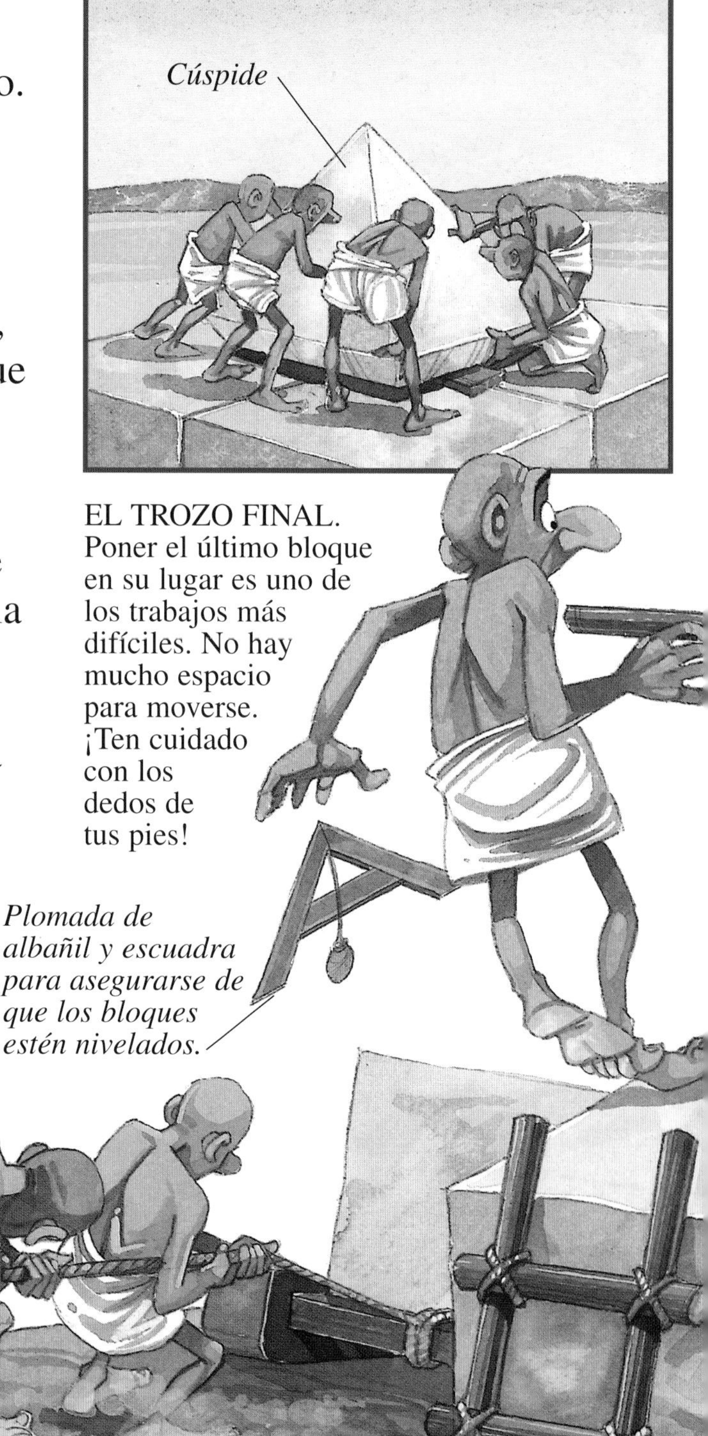
Cúspide
¡Ya casi llegamos!
Plomada de albañil y escuadra para asegurarse de que los bloques estén nivelados.

EL TROZO FINAL. Poner el último bloque en su lugar es uno de los trabajos más difíciles. No hay mucho espacio para moverse. ¡Ten cuidado con los dedos de tus pies!

Puliendo los bloques de piedra caliza
Andamio de madera
Consejo práctico
No trabajes con un cincel sin punta. Un pequeño ejército de afiladores de cinceles trabaja tiempo completo, aproximadamente uno por cada cien cinceladores.
A esta velocidad acabaremos pronto.

Escribas, escribas, escribas

El faraón lo sabe todo. ¿Cómo hace?

A diario, el trabajo que realizas lo escribe un registrador de datos denominado escriba. La mayoría de la gente no sabe escribir, y por eso ser un escriba es una buena profesión. Hay escribas a lo largo del pueblo que registran todo: el número de bloques entregados a diario; y los colocados; las herramientas utilizadas en la mañana y las devueltas en la noche; la entrega de alimentos; las raciones utilizadas; la razón de ausencia de algún trabajador y la causa de algún accidente o disputa. Sus reportes permiten que los funcionarios mantengan control sobre los hombres y los materiales, así como sobre el calendario de trabajo. Estos funcionarios reportan a sus superiores, quienes a su vez reportan a los suyos, y así hasta llegar al faraón.

EN LOS TRABAJOS OFICIALES, la gente reporta a sus supervisores. Los escribas llevan un registro.

LOS SUPERVISORES reportan a sus jefes de departamento.

LOS JEFES DE DEPARTAMENTO reportan al visir, el primer ministro del faraón.

EL VISIR reporta diariamente al faraón todo lo que ocurre en su reino.

Caja para el pincel
Molde para tinta seca
Pinceles de escritura
Recipiente de agua
ELEMENTOS DE ESCRITURA. Las herramientas del escriba son: una caja para el pincel con el cual escribe; un molde de tinta seca y un recipiente de agua.
Consejo práctico
No trates de "tomar prestadas" herramientas para uso propio. Serás investigado si los registros no concuerdan.
Ahora toma nota de esto.

Escultores y pintores

Te gustaría trabajar dentro de la pirámide? Puede ser claustrofóbico y espeluznante trabajar a la luz de una vela. Para clasificar debes ser altamente calificado. Los trabajadores que decoran la cámara funeraria y el templo mortuorio del faraón han tenido un largo entrenamiento. Requieres mano firme para realizar un diseño complicado a lo largo de una gran área de pared. Luego esculpes el fondo, de modo que las figuras quedan levemente sobresalientes. Finalmente, se pintan con los colores tradicionales. Es muy importante conocer la pose y los gestos exactos que las figuras deben mostrar, así como los símbolos y mensajes que las acompañan. Hay reglas preestablecidas acerca de esto. Si te equivocas, las decoraciones perderán su poder mágico para asegurarle al faraón un viaje seguro hacia los dioses.

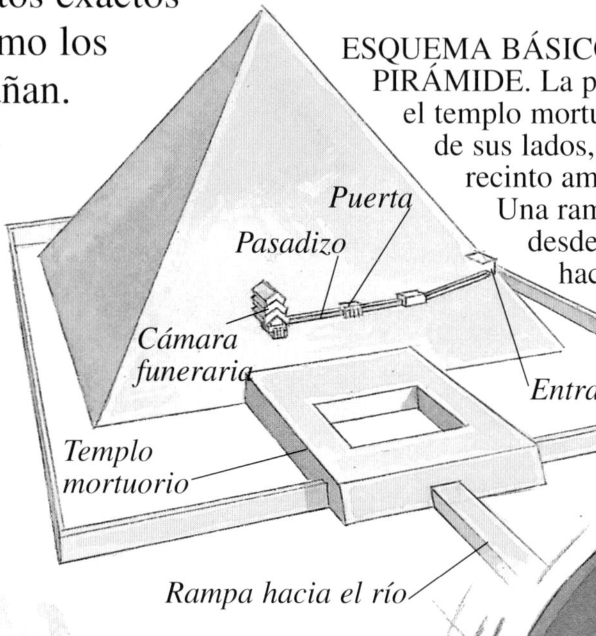

ESQUEMA BÁSICO DE UNA PIRÁMIDE. La pirámide, con el templo mortuorio a uno de sus lados, está en un recinto amurallado. Una rampa conduce desde el templo hacia el río.

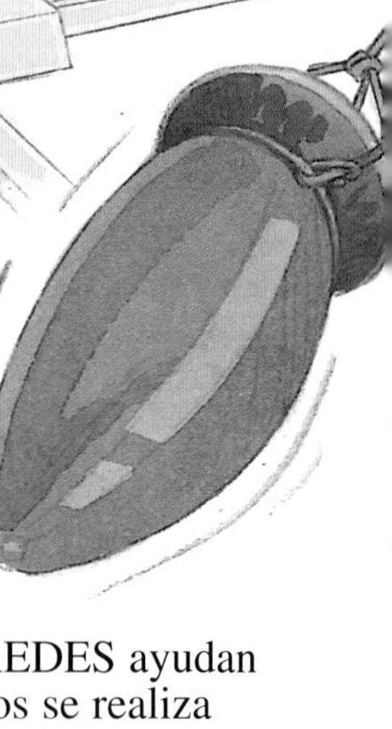

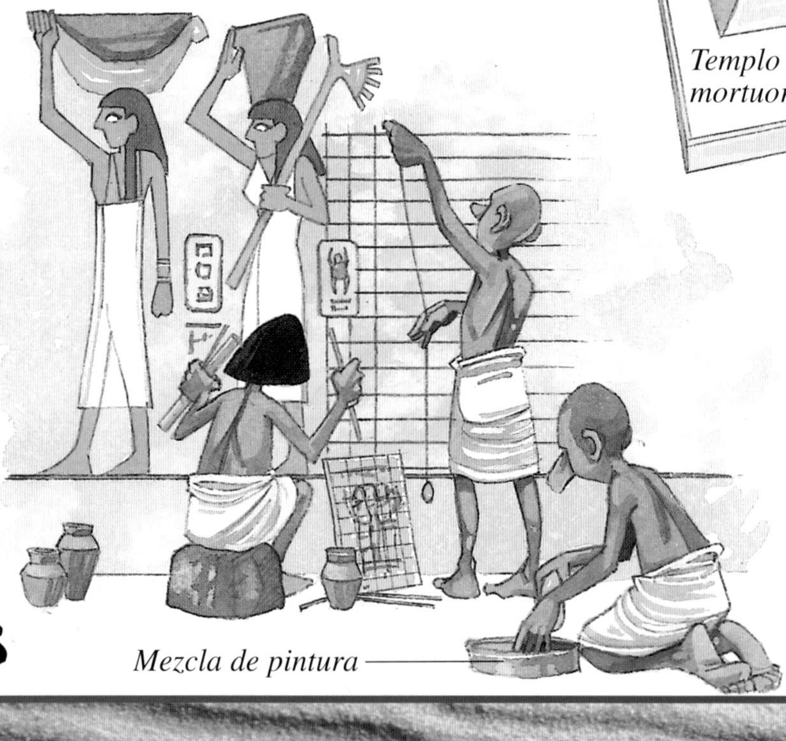

LOS PINTORES DE PAREDES ayudan a diseñarla. En ambos lados se realiza una cuadrícula. Si eres practicante, mezclarás la pintura moliendo minerales hasta convertirlos en polvo y añadiendo clara de huevo o resina de árbol.

Consejo práctico
Si estás dibujando una escena, no seas muy creativo. No es permitido. Lo común agrada más.
¡Ten cuidado, algo se acerca!

Las comodidades

Si eres artesano y trabajas tiempo completo para el faraón, vivirás en un pueblo construido especialmente para ti, cerca del lugar de trabajo.

Tendrás una casa pequeña de adobe, con algunas habitaciones, una bodega subterránea y un área externa para la cocina, en la parte trasera. El piso es de tierra y las ventanas son angostas y altas para alejar los rayos del sol. No hay muebles cómodos. La comida es pan ordinario hecho en casa, vegetales y muy poca carne; se sirve en mesas muy bajitas. Se cocina sobre el fuego prendido en un agujero en el suelo.

Vida en el pueblo

EL PUEBLO está protegido por una muralla cuya entrada se vigila de día, y se cierra de noche.

LA MAYORÍA DE LAS PROVISIONES que el pueblo necesita se transportan en recua de burros.

EL AGUA debe llevarse desde una reserva localizada fuera del pueblo.

¿Podrías darme el pan sin arena? ¡Los dientes están desgastándoseme hacia las encías!
Consejo práctico
Para alejar los espíritus del mal, coloca una figura del dios Bes dentro de un nicho en una de las paredes de tu habitación. Él protege los hogares.

LAS COMPRAS sin dinero requieren habilidades. Debes pagar con la menor cantidad posible de bienes (trueque).

EL DÍA DE PAGO recibes tu salario en forma de granos, aceite, o telas de lino muy finas.

LA HABILIDAD PARA LAS ARTESANÍAS se transmite en la familia. Querrás que tu hijo siga tu ejemplo.

Hay que estar siempre del lado de los dioses

Los egipcios de la antigüedad creen que todo lo que ocurre en el mundo está controlado por los dioses, por eso no hay que ofenderlos y como ofrendas debes llevar tus mejores productos a sus templos. Cada pueblo tiene varios templos, y son el hogar de un dios diferente. Cada faraón trata de superar a los anteriores construyendo templos más grandes. Por dentro, hay sacerdotes que cuidan, día y noche, una imagen en la cual creen que el dios vive. No se permite que la gente como tú entre en los templos, pero sí debes saber que cuando los cultivos se pierden o el viento caliente sopla y genera tormentas de arena, los dioses están molestos.

Isis *Seth*

CONOCE A LOS DIOSES. Los cuatro dioses más importantes eran Isis, Seth, Osiris y Ra (Ver pág. 5), quien era su rey. Seth es el mal, pero la mayoría de los dioses son peligrosos solamente si los ofenden. Deben ser adorados adecuadamente.

Osiris

Cuando los dioses están molestos...

EL NILO no sube suficiente durante el tiempo de crecida, los cultivos no crecen y la gente muere de hambre.

ENJAMBRES DE LANGOSTAS, insectos voladores, descienden sobre los campos, acaban los cultivos y arruinan la cosecha.

UN COCODRILO puede volcar tu bote mientras pescas en el Nilo. ¡Éste será tu final!

Algo me dice que los dioses no están felices.
Consejo práctico
Pídele a un escriba que te redacte una oración a los dioses sobre una tablilla y llévala al templo. Para asegurarte de que te escuchen, dibuja oídos en ella.
TEMPLO DE OFRENDAS
Si quieres entrar en un templo, sólo puedes llegar hasta el patio delantero a colocar tus regalos sobre las mesas alistadas en fila.
Patio del templo

Días negros

Es muy común que los trabajadores de la pirámide se vean involucrados en accidentes serios; ten cuidado. No basta ser prevenido. Debes protegerte contra los espíritus malignos que causan estos incidentes. Algunos días del año, los espíritus malignos son particularmente fuertes. En estas fechas, marcadas en el calendario, es mejor evitar tomar un baño, realizar un viaje, matar un buey, una cabra o un pato, encender fuego o consumir cualquier alimento que viva en el agua. Las enfermedades también son causadas por espíritus malignos, y por eso los médicos prescriben medicinas y hechizos.

Otros infortunios

EXTREMIDADES ROTAS. Si te rompes una pierna, no te preocupes. Los médicos del Egipto antiguo son muy buenos para arreglar fracturas.

¿TOS PERSISTENTE? Las enfermedades en los pulmones son muy comunes. Probablemente contraerás una por la arena que llega a tus pulmones.

LA CEGUERA se debe a una enfermedad común (tracoma) y ya no puedes trabajar para ganar tu sustento, excepto talvez como músico.

Debes tomarlo tres veces al día después del hechizo.
Consejo práctico

Lleva contigo siempre un amuleto –un dije de la suerte–. Éste, que representa el ojo del dios Sol, Ra, aleja la enfermedad y la mala suerte.

LOS PARÁSITOS, provenientes del agua contaminada, son huéspedes indeseados, y algunos viven en tus extremidades. Agarra uno de sus extremos, enróllalo y sácalo.

¡AY! Mira dónde pones tus pies. Los escorpiones viven bajo las piedras y pican duro.

CONTRA EL DOLOR DE MUELA, además de sacártela, no hay nada más que hacer. Debes sufrir.

Vendaje del faraón

Para tener la esperanza de una vida posterior, debes planear la conservación de tu cadáver, pues si se descompone, tu espíritu perecerá. En el caso del faraón, estos preparativos son importantes porque el bienestar de Egipto depende de los dioses. Si te encuentras en el taller de algún embalsamador, ayudando a transformar un cuerpo maloliente en una momia de muy buena apariencia con olor a dulce, no digas que el trabajo es sucio y te enferma. Éste también es un proceso sagrado. El embalsamador jefe utiliza la máscara de Anubis, el dios de la muerte, y recita los hechizos adecuados.

Máscara de Anubis
¡Quítate eso, estás arruinando el hechizo!

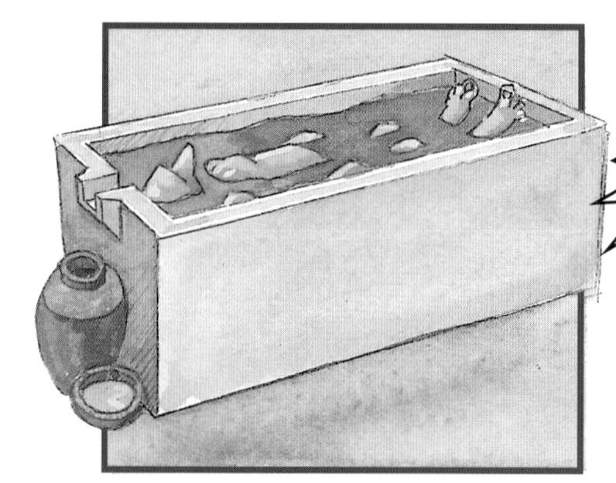

SECA EL CUERPO COMPLETAMENTE dejándolo cubierto de natrón (una especie de sal) durante 40 días.

RETIRA EL CEREBRO a través de la nariz. Abre el cuerpo, saca lo que hay por dentro y llénalo de especias de olor dulce.

CUALQUIER PARTE QUE FALTE debe remplazarse con madera o con un pedazo de tela. No se verá bajo las capas de vendaje.

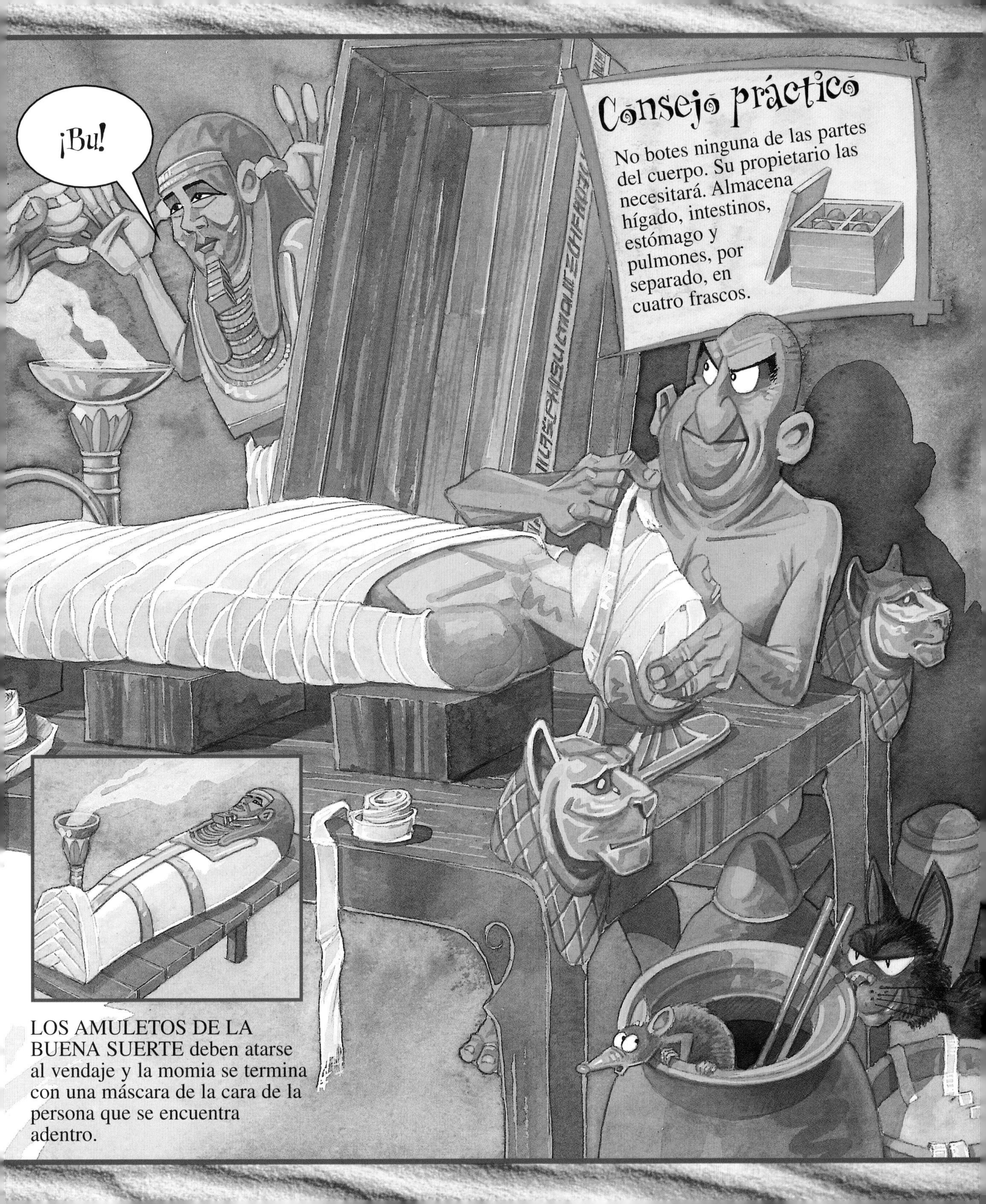

LOS AMULETOS DE LA BUENA SUERTE deben atarse al vendaje y la momia se termina con una máscara de la cara de la persona que se encuentra adentro.

La pirámide está terminada

Ha llegado el momento! El faraón ha muerto y su pirámide, construida con bloques relucientes de piedra caliza blanca, está lista para recibirlo. Su construcción ha tomado años de trabajo de miles de personas, especializadas y no. Éste será el hogar de su cuerpo. Los ritos sagrados realizados por sacerdotes, a diario, mantendrán su espíritu vivo por siempre. El ataúd del faraón es transportado en un bote ceremonial, acompañado por sacerdotes, cortesanos y dolientes profesionales, quienes lloran profundamente la pérdida de su soberano.

Templo mortuorio

Adiós al faraón

EL ATAÚD ES ARRASTRADO sobre un trineo, a lo largo de la rampa que va desde el río hacia la pirámide. La procesión que le sigue lleva toda clase de objetos costosos que colocarán dentro de la pirámide y que el faraón utilizará durante su otra vida.

EN LA ENTRADA DE LA PIRÁMIDE los sacerdotes realizan una ceremonia que despierta mágicamente los sentidos del faraón muerto.

Consejo práctico
Cubre la entrada de la pirámide con bloques de revestimiento para despistar a los ladrones que buscan robar las riquezas enterradas con el faraón.
Rampa
Lograron terminar esta pirámide justo a tiempo.

EN LA CÁMARA FUNERARIA, los sacerdotes bajan el ataúd hacia el sarcófago. Los asistentes la tapan con una piedra.

LA PIRÁMIDE se sella con bloques de piedra gigantes que son liberados por las últimas personas en salir.

A CONSTRUIR UNA NUEVA PIRÁMIDE. No pienses en descansar, el nuevo faraón quiere empezar a trabajar en su pirámide, ¡ya!

Glosario

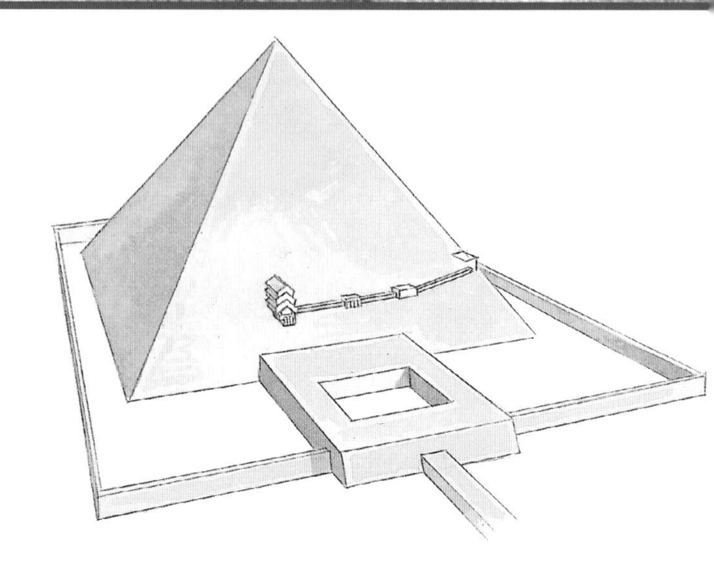

Albañil. Persona que construye o trabaja con piedra.

Amuleto. Objeto de la suerte.

Azadón. Herramienta para cavar.

Bloques de revestimiento. Bloques de piedra caliza de alta calidad utilizados para cubrir la parte externa de la pirámide.

Canal. Camino artificial para recibir el agua.

Cantera. Lugar donde la piedra de construcción se extrae.

Cemento. Barro delgado, arenoso.

Claustrofóbico. Sentimiento de pánico por estar encerrado, especialmente en lugares pequeños.

Cuadrícula. Red de líneas que se entrecruzan en sus ángulos rectos, formando cuadrados.

Cuarteles. Instalaciones utilizadas para alojar a los soldados o trabajadores.

Cuarzo. Mineral fuerte muy común, que se encuentra como roca o en la arena.

Cúspide. Pieza superior de la pirámide.

Dolerita. Roca muy fuerte, oscura y de granos muy finos.

Embalsamador. Persona que con aceites de esencias y especias, ayuda a preservar de la putrefacción los cadáveres.

Esclavo. Persona forzada a realizar cierto tipo de trabajo.

Escriba. Funcionario responsable de mantener registros escritos.

Lino. Material de tela hecho de la fibra de la planta de lino. En el antiguo Egipto el lino era de mucho valor.

Momificación. Proceso a través del cual el cadáver es desecado y se conserva.

Natrón. Tipo de sal que se encuentra en el suelo, en algunas partes del mundo.

Nicho. Concavidad en el espesor de un muro, en el cual se mantiene la imagen de un dios.

Palanca. Barra larga de madera utilizada para elevar o desalojar un objeto pesado.

Parasitar. Vivir sobre o dentro de otro ser viviente y alimentarse de éste.

Puerta. En este caso es la puerta pesada que se dejaba caer para sellar la entrada a la cámara funeraria.

Rampa. Camino elevado construido entre la orilla del río hasta la entrada del templo mortuorio.

Reserva. Tanque o estanque artificial en el que grandes cantidades de agua pueden almacenarse.

Sarcófago. Ataúd externo hecho de piedra.

Templo mortuorio. Templo en el cual los sacerdotes realizaban los rituales diarios que mantenían el espíritu del faraón con vida. Era construido contra una de las paredes de la pirámide.

Tracoma. Enfermedad del ojo que causa ceguera, muy común en África y Asia.

Visir. Funcionario de alto rango dentro del equipo del faraón.

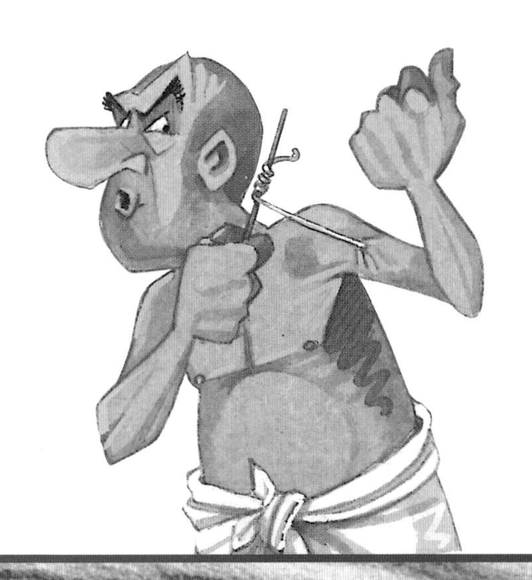

Índice

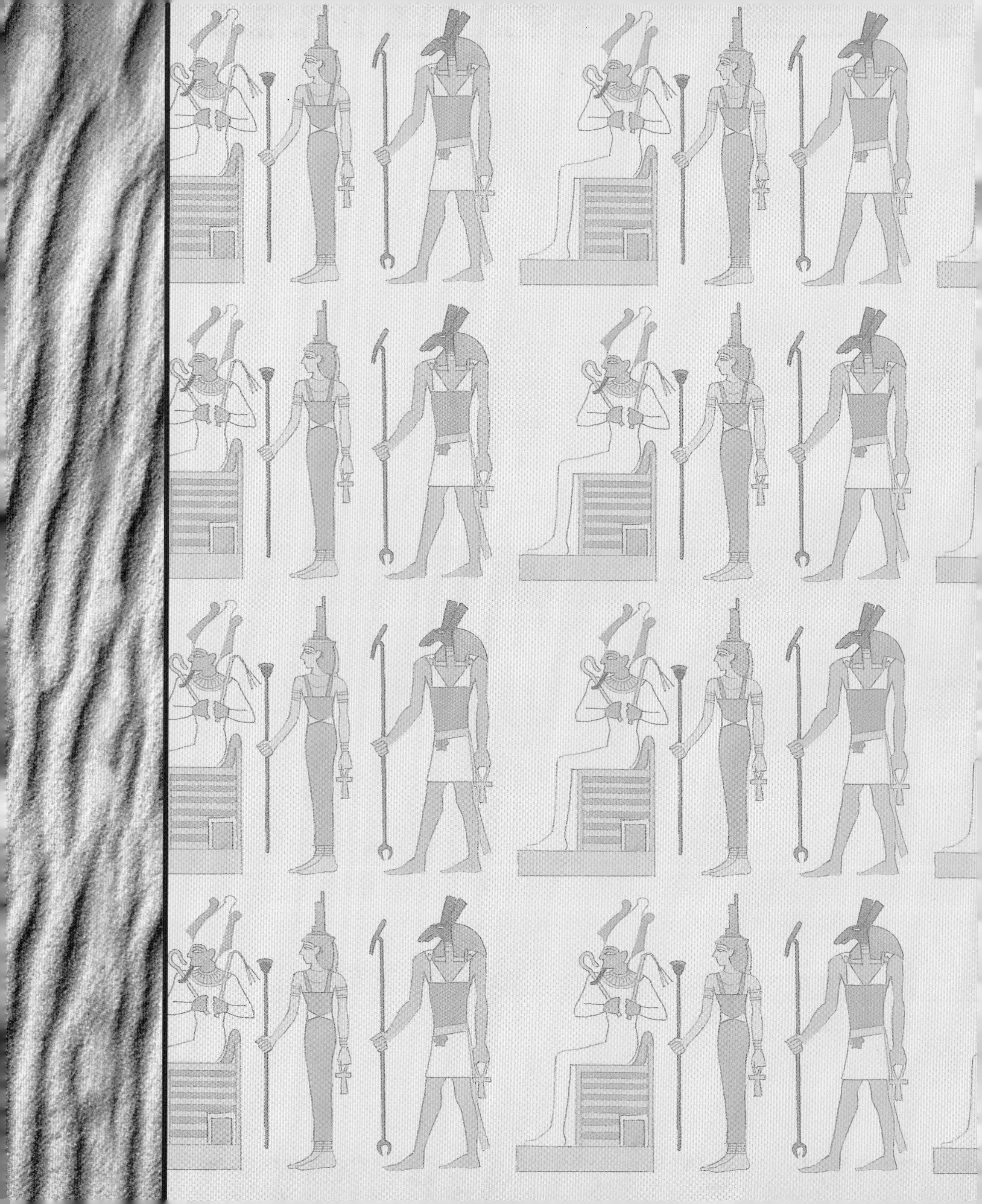